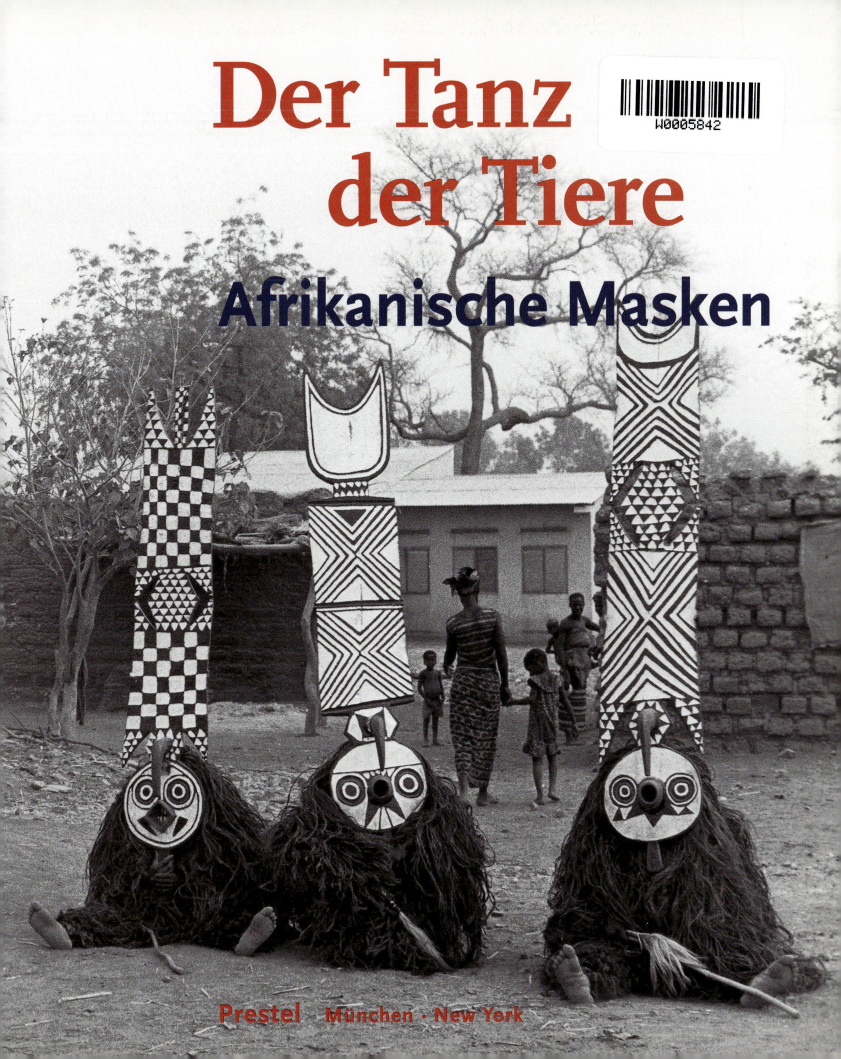

Der Tanz der Tiere

Afrikanische Masken

Prestel   München · New York

In Afrika gibt es viele Völker, bei denen zu verschiedenen Anlässen Maskenauftritte stattfinden. Diese Anlässe können fröhlich sein, wie zum Beispiel ein Erntefest, traurig, wie etwa eine Beerdigung, bedrohlich, wie eine Trockenheit, oder aber gefährlich, wie die Abwehr von Hexen. Auch bei einem äußerst wichtigen Ereignis im Leben eines Jugendlichen, seiner Aufnahme in die Gemeinschaft der Erwachsenen, spielen Maskentänze eine große Rolle.

Maskenauftritte werden veranstaltet, wenn es darum geht, den Menschen bei der Überwindung von Schwierigkeiten zu helfen und Fragen nach der Herkunft der Menschen zu beantworten. Masken tragen dazu bei, den Sinn von Leben und Tod zu verstehen, und sie warnen die Menschen vor den Folgen falschen Verhaltens. Masken werden vor allem bei Zeremonien eingesetzt, in denen Wissen und Erfahrungen der Älteren an die Jüngeren weitergegeben werden. Oft gelten Masken als Verkörperung der Ahnen oder guter und böser Geister. Sie stellen gefährliche Hexen und Zauberer, Kobolde, Busch- und Wassergeister oder auch Krankheiten dar.

Afrikanische Masken können menschliche Gesichter zeigen, Tiere darstellen oder eine Mischung aus beiden sein. Manchmal ist es gar nicht so einfach zu erkennen, um welches Tier es sich handelt. Zum Beispiel zeigt die auf Seite 16 unten rechts abgebildete Maske das Gesicht eines Menschen, die Zähne eines Krokodils, die Ohren eines Büffels, die Hörner einer Antilope und den aufgerollten Schwanz eines Chamäleons. Fast immer ist eine Maske aus einem Stück Holz geschnitzt und verdeckt das Gesicht oder den gesamten Kopf des Trägers. Masken können einfarbig oder bunt bemalt sein; gelegentlich sind sie auch mit Kaurischnecken verziert oder ganz mit Glasperlen überzogen. Zu einer vollständigen Maske gehört unbedingt auch ein Kostüm aus Pflanzenfasern oder Stoffen, das den ganzen Körper des Maskenträgers bedeckt. Der Auftritt einer Maske wird immer von Musik,

Gesang und Tanz begleitet. Deswegen spricht man von Maskentanz und Maskentänzer. Meistens sind an einem Maskenauftritt mehrere Masken beteiligt, die entweder nacheinander oder gemeinsam vor den Zuschauern erscheinen. Das kann sich zu einem großen Maskenumzug entwickeln.

Warum viele Masken nun ausgerechnet Tiere darstellen? Weil sich die Ahnen, Busch- oder Wassergeister den Menschen gerne in Tiergestalt zeigen. Und in den Augen der Menschen verfügen die Ahnen und Geister über die Fähigkeiten der Tiere, deren Gestalt sie angenommen haben: Sie sind flink wie ein Erdferkel oder können sich lautlos heranschleichen wie ein Leopard, sind klug wie ein Elefant oder gierig wie eine Hyäne, können auf der Erde und im Wasser leben wie ein Krokodil. Mit dem Überstreifen der Maske hört der Maskentänzer auf, er selbst zu sein. Die Eigenschaften des Tieres, das in seiner Maske dargestellt ist, gehen für die Dauer des Maskentanzes auf den Tänzer über, er **wird selbst** zum Krokodil oder zur Schlange. Dies zeigt sich auch an der Art des Tanzes: Mit wirbelnden Bewegungen fegt der Sägefisch, in rasender Geschwindigkeit tobt die Elefantenmaske über den Boden.

Doch nicht jeder Mensch darf eine Maske tragen oder schnitzen, man darf sie noch nicht einmal berühren.

Meistens dürfen auch nicht alle Menschen eines Dorfes den Maskenauftritt sehen. Die Masken gelten als heilig, viele von ihnen als außerordentlich gefährlich! Deshalb sind die Masken fast immer im Besitz von Geheimbünden, die über sie wachen und sie an besonderen Plätzen aufbewahren. Es sind Mitglieder der Geheimbünde, die als Maskentänzer auftreten.

Einem Geheimbund gehören nur ganz bestimmte Menschen an, die über alles, was in diesem Bund geschieht, absolutes **Stillschweigen** bewahren müssen. Niemand, der nicht eingeweiht ist, darf etwas davon erfahren! In Afrika sind es meistens die Männer, die in Geheimbünden zusammengeschlossen sind. Schon als Jungen werden sie auf die Aufnahme in einen solchen Bund vorbereitet. Wer nun aber glaubt, daß dies immer schon so war, der irrt gewaltig! Aus vielen afrikanischen Erzählungen ist nämlich bekannt, daß vor langer Zeit die Frauen im Besitz der Masken und damit auch die Wissenden waren: Es waren die Frauen, die erfolgreich die Erde bearbeiteten, säten und ernteten. Eines Tages wurden die Männer neidisch, fürchteten um ihren Einfluß und schlossen sich in Geheimbünden zusammen. Und deshalb finden seither – von einigen Ausnahmen abgesehen – Maskenauftritte nicht vor den Mädchen und Frauen eines Dorfes statt.

Geduldig steht ein Tier auf dem anderen, als wollten sie
dem kleinsten helfen, ganz weit in die Ferne zu schauen.

Zuunterst ist ein Helm, der wie ein Menschenkopf
gestaltet ist, mit Augen, Nase und offenem Mund.
Wer die Maske trägt, kann durch den Mund rausgucken.

Helles und dunkles Holz wechseln einander scheinbar ab,
doch wie die meisten afrikanischen Masken ist sie aus einem
einzigen Stück Holz gemacht.

Beim Schnitzen muß der Künstler das Aussehen der fertigen
Maske schon vor Augen haben, noch bevor überhaupt mit der
Arbeit begonnen wird. Wo sollen die Beine des einen Tieres
anfangen und wo soll der Kopf des anderen aufhören?

Die afrikanischen Schnitzer sind große Meister in der Bearbeitung von Holz!
Welche Tiere hat der Künstler hier nun bemalt und welche nicht?

Das Epa-Fest der Yoruba, bei dem solche Masken getragen werden,
findet alle zwei Jahre im März statt. Die Menschen wollen damit große
Krieger ehren und die Fruchtbarkeit und das Wohl der Gemeinschaft fördern.

Meistens muß der Maskentänzer im Lauf des Festes von einem Erdwall springen.
Dabei muß er unbedingt das Gleichgewicht halten. Fällt er hin, so glauben
die Yoruba, wird ein Unglück über ihre Gemeinschaft hereinbrechen.

Der Maskenträger ist ein richtiger Akrobat, denn sein Körper steckt ja zusätzlich
noch in einem Kostüm aus Pflanzenfasern und Stoffen. Da manche dieser Masken
über 25 Kilogramm wiegen können, muß der Mann sehr stark sein.
Ein schwacher und ungelenkiger Tänzer käme ganz schön ins Straucheln.

Das sind ja die Bremer Stadtmusikanten!

Oder etwa nicht?

Welche Tiere sind hier dargestellt?

Sie tauchen fast alle in diesem Buch noch einmal auf.

Eine richtige Familie

Vor langer, langer Zeit, so erzählen die Bamana, lebte auf Erden ein Wesen namens Tyiwara. Es war halb Mensch, halb Antilope und lehrte die Menschen den Feldbau. Eine Weile ging alles gut, alles war im Überfluß vorhanden. Doch dann begannen die Menschen, ihre Felder zu vernachlässigen und die Nahrungsmittel zu verschwenden. Aus Kummer darüber begrub Tyiwara sich selbst in der Erde. Nun bereuten die Menschen ihr Handeln. Um Tyiwara zu besänftigen und aus Dankbarkeit für das Gute, was es den Menschen gebracht hatte, schnitzten die Bamana kleine Antilopen und banden sie auf geflochtene Kopfbedeckungen.

Alljährlich finden zu den Zeiten der Aussaat und der Ernte Maskenauftritte auf den Feldern statt. Zwei junge Tänzer tragen solche Antilopen oben auf dem Kopf, der eine eine männliche, der andere eine weibliche. Gesichter und Körper der Tänzer sind vollständig unter Gewändern aus Pflanzenfasern verborgen, die den seltenen Regen darstellen sollen. Ausdauernd, geduldig, stark und weitblickend muß ein guter Bauer sein. Um herauszufinden, wer der beste Bauer eines Dorfes ist, wird ein Wettkampf veranstaltet: Derjenige, der als erster seinen Teil des Feldes bearbeitet hat, gilt als Sieger. Die ganze Zeit werden sie dabei von Tyiwara angefeuert.

In Wirklichkeit haben Antilopen natürlich nicht so kurze Beine. Aber die Künstler, die diese Kopfaufsätze schnitzten, wollten Hälse und Köpfe der Tiere besonders hervorheben. Der Antilopenvater sieht so aus, als wolle er sich gleich aufbäumen: Der mächtige Hals ist angespannt und zurückgebogen, stolz recken sich die Hörner zum Himmel, wild flattert die Mähne im Wind. Die Antilopenkuh ist dagegen ganz gelassen. Sie trägt ihr Junges auf dem Rücken.

Ist es ein männliches oder ein weibliches Kitz?

Foto: Marc Felix

Da fletscht aber Zeiner die Zähne

Grimmig und gefährlich blickt uns die Leopardenmaske rechts an. Man kann die Gereiztheit des Tieres, seine Bereitschaft zum tödlichen Sprung geradezu spüren. Wer bekommt da keine Gänsehaut? Mit dunklen und hellen Tupfen wurde die Fleckenzeichnung des Leopardenfells nachgeahmt. Das große, viereckige Maul beherrscht das Gesicht: Weit zurückgezogene Lefzen zeigen uns drohend die riesigen Zähne. Auch die waren wohl einmal abwechselnd bemalt, aber die weiße Farbe ist an einigen Stellen schon weggewischt. In ganz Afrika gilt der Leopard als intelligentes, mutiges und vor allem gefährliches Tier, das auch Menschen tötet. Er ist ein hervorragender Jäger und schleicht sich bis auf wenige Meter unbemerkt an seine Beute heran, um dann plötzlich zuzuschlagen. Könige, hohe Würdenträger oder Personen, die

für Recht und Ordnung in einer Gemeinschaft sorgen, haben daher den Leoparden zum Zeichen ihrer Macht erwählt. Diese Maske stammt von den Dogon, die im westafrikanischen Mali leben. Ganz anders sieht dagegen die Leopardenmaske aus Zaire oben aus: Sie besteht aus einer einfachen Kapuze und einem Hemd. Beides wurde aus Rindenbast gefertigt und mit schwarzen Punkten und einigen Linien verziert. Als Bast bezeichnet man die faserige Innenseite von Baumrinde. Er wird von der Borkenschicht getrennt und dann breitgeklopft. Ob die Herstellung einer solchen Leopardenmaske einfacher ist, als wenn sie aus Holz geschnitzt wird?

9

Mit dem ersten Hahnen SC

begrüßt auch in Afrika der Hahn jeden Morgen die Sonne. Nach dem Tod eines Familienmitgliedes veranstalten die Mossi in Burkina Faso ihm zu Ehren Auftritte mit Hahnenmasken, in denen sie die Geister ihrer Vorfahren sehen. Wie viele afrikanische Völker glauben auch die Mossi, daß nur der Körper eines Menschen stirbt, nicht aber sein Geist. Dieser lebt in einer anderen Welt als unsichtbarer Ahnengeist weiter.
Er kann auch nach wie vor am Leben der Hinterbliebenen teilnehmen und dabei viel Gutes, aber auch viel Schlimmes anrichten. Damit sie den Lebenden keinen Schaden zufügen – zum Beispiel eine Mißernte oder Krankheit schicken –, darf die Familie ihre Verstorbenen auf keinen Fall vergessen. Sie muß voller Respekt und ehrerbietig an die Ahnen denken und ihren Segen erbitten. Auch sonst müssen die Lebenden darauf achten, daß sie sich richtig verhalten und den Mitmenschen nichts Böses zufügen, denn dafür würden die Ahnen sie sofort bestrafen.
Hat der Künstler diesen Hahnenkopf nicht wunderbar gestaltet?
Die farbigen Muster lassen den Hahn fast lebendig erscheinen. Wenn er könnte, würde er gleich den Schnabel aufreißen und krähen – doch der ist an der Spitze zugebunden. Warum? Das wissen wir leider nicht. Jedenfalls schwillt dem Gockel mächtig der Kamm: Er ist in einem kühnen Bogen herausgearbeitet und mit einer dicken, rötlichbraunen Farbkruste überzogen.

rei

SSSSSSschlangen
können sooooOOOO
lang sein ...

Pythonschlangen sind die längsten Schlangen Afrikas. Sie können über fünf Meter lang werden. Die Schlangenmasken der Bwa in Burkina Faso erreichen fast dieselbe Länge. Es ist beinahe unmöglich, sie ganz auf einem Foto abzubilden. Dabei sind sie aus einem Stück Holz geschnitzt!

Es wird erzählt, daß einst ein Mann bei einem Überfall feindlicher Krieger auf sein Dorf Zuflucht im unterirdischen Bau einer Schlange fand. Die Schlange beschützte und ernährte ihn zwei Wochen lang. Als der Mann in sein Dorf zurückkehrte, befahl ihm der Wahrsager, er solle als Zeichen der Dankbarkeit eine Maske anfertigen, die der Schlange gleiche, und sie ihr zu Ehren tanzen.

Die Masken werden von jungen Männern getragen, die das schon als Kinder üben. Um besser das Gleichgewicht halten zu können, hält der Maskentänzer ein Seil zwischen den Zähnen, das an beiden Enden mit der Maske verbunden ist. Es gibt viele Gelegenheiten, zu denen die Bwa solche Schlangenmasken tanzen. So werden an Markttagen zur Unterhaltung der Dorfbewohner und reisenden Händler Maskentänze veranstaltet, bei denen sie gemeinsam mit anderen Masken erscheint. Da kommen manchmal mehr als 15 Masken zusammen!

Mit liebevoller Sorgfalt hat der Künstler die Schlange geschnitzt, deren Kopf rechts zu sehen ist. Kreise, Dreiecke, Linien und Zacken wurden in das Holz geschnitzt und durch die Farben Rot, Schwarz und Weiß noch besonders betont.

Wer tanzt mir denn da auf der Nase 'rum?

Wenn das kleine Äffchen nicht aufpaßt, wird es gleich kopfüber hinunterfallen! So ganz geheuer ist ihm das wohl selbst nicht, denn es zeigt seine Zähne. Aus Angst? Aus Übermut? Es läßt sich nicht so ohne weiteres feststellen, was für ein Tier das eigentlich sein soll, auf dem der kleine Quälgeist herumturnt. Es könnte ein Leopard oder eine Hyäne sein. Jedenfalls japst es nach Luft und scheint ganz schön aus der Puste zu sein. Die Augen quellen hervor, so stark zieht das Äffchen an den Ohren.

Wenn bei den Yaka in Zaire eine Gruppe von Jungen in die Gemeinschaft der Erwachsenen aufgenommen wird, finden eine Reihe von Feierlichkeiten statt, die von verschiedenen Maskenauftritten begleitet sind. Dabei erscheint als letzte Maske die schönste und außergewöhnlichste, Mbala genannt. Sie soll alle Menschen des Dorfes erfreuen und überraschen. Und wirklich erinnern die beiden Tiere dieser Mbalamaske fast an Zirkusakrobaten. Die raffinierte Bemalung gibt dem Äffchen ein lustiges Gewand. Der Lümmel hat einen weichen Rumpf aus Bast, nur Arme, Beine und Kopf sind aus Holz geschnitzt. Die beiden Tiere wurden einzeln angefertigt und dann aneinander befestigt. Hinter dem Maul der Maske befindet sich ein Holzgriff, mit dem der Tänzer während seines Auftritts die Maske vor sein Gesicht hielt.

Ein Märchen aus Westafrika

Es war einmal ein **Jäger**, der ging tief, tief in den Busch. Da stieß er auf eine große Grube, in der hatten sich ein **Leopard**, eine **Antilope**, eine **Schlange** und ein **Mensch** gefangen. „Hilf mir heraus, Jäger", rief der Leopard, „wenn du mich rettest, will ich dir Gutes tun." Der Jäger zog ihn herauf, da bettelte die Antilope: „Ich werde dich auch belohnen, wenn du mir hilfst." So holte er auch sie heraus und dann die Schlange, die ihm ebenfalls ihren Dank zusagte. Nun war nur noch der Mensch in der Grube. „Wenn ich drei Tiere gerettet habe, so kann ich doch nicht einen Menschen, der aussieht wie ich, umkommen lassen", dachte der Jäger und half auch ihm. Der Leopard brachte dem Jäger zum Dank bald zwei schöne Gazellen, die er für ihn erlegt hatte. Auch die gerettete Antilope hielt ihr Versprechen: Sie hatte an einer Stelle, an der sie manchmal, wie das alle Antilopen tun, etwas Erde fraß, einen Topf voll Gold entdeckt, den Gottes Bruder Anangama dort vergraben hatte. Den holte sie und gab ihn dem Jäger.

Das aber hatte der Mensch, den der Jäger gerettet hatte, gesehen, und der ging jetzt zu Anangama und sagte: „Die Antilope hat deinen Goldtopf ausgegraben und einem Jäger geschenkt." Erzürnt gab Anangama den Befehl, den Jäger gefangenzunehmen und zu fesseln, und so geschah es auch.

Nachts aber kam leise die Schlange zu ihm, zerbiß die schmerzenden Stricke und sprach: „Morgen früh werde ich Anangamas Sohn beißen, doch ich sage dir gleich jetzt die Arznei, mit der man meinen Biß heilen kann. Wenn du das Kind heilst, wird man dich freilassen." Nachdem sie ihn genau unterrichtet hatte, fesselte sie ihn wieder, kroch davon und legte sich hinter Anangamas Haus auf die Lauer.

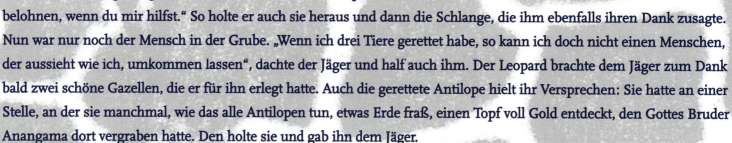

Als bei Tagesanbruch Anangamas kleiner Sohn herauskam, biß die Schlange ihn ins Bein. So giftig war der Biß, daß jedermann sah, das Kind würde noch am gleichen Tag sterben. Verzweifelt rief Anangama: „Wer kann einen solchen Schlangenbiß heilen?" Da kam gerade der **Hahn** des Wegs daher und sagte: „Ich glaube, der Jäger, den ihr gestern früh gefangen habt, der wird wohl heilkundig sein. Die meisten Jäger sind es."

Anangama befahl, den Jäger zu holen und seine Fesseln zu lösen. Als der Jäger vor ihn trat, fragte er: „Kannst du meinem Kind helfen?" „Dein Sohn wird noch heute gesund werden", versprach der Jäger. Er gab dem Jungen die Medizin, und bald war das Kind geheilt. Anangama dachte nach, dann sprach er: „Du bist ein guter Mann, weil du das Leben meines Kindes gerettet hast. Ich kann nicht glauben, daß du mein Gold stehlen wolltest." Da erzählte ihm der Jäger, was geschehen war, und Anangama sagte: „Dir schenke ich dein Leben und die Freiheit. Der Verräter jedoch soll seine gerechte Strafe bekommen."
Da ergriff man den bösen Mann und bestrafte ihn.

Wer Ohren hat zu hören,

der wird das schauerliche Lachen einer Hyäne nicht so leicht vergessen.
Für viele Afrikaner ist die Hyäne ein unheimliches Tier, denn angeblich sucht sie die Gräber der Menschen heim und verschlingt die Leichen. Kein Wunder also, daß vor allem schlechte Eigenschaften mit diesem Tier in Verbindung gebracht werden. Hyänen gelten als dreckig, habgierig und boshaft. Die Dinka und Nuer aus Ostafrika glauben, daß die Menschen ihre Unsterblichkeit durch die Hyäne verloren haben. Einst waren Himmel und Erde nämlich durch ein Seil miteinander verbunden. An diesem kletterten die alten Menschen nach oben, um von Gott verjüngt zu werden und anschließend wieder auf die Erde hinabzuklettern. Um dem ein Ende zu bereiten, biß eine Hyäne das Seil durch, und seit dieser Zeit müssen alle Menschen sterben. Für die Kaguru in Tansania sind Hyänen gar die Hexen der Tierwelt!
Riesengroß hat der Schnitzer die Ohren der Maske aus Ostafrika auf der rechten Seite gestaltet, sie sind wachsam aufgerichtet. Hyänen fressen zwar das Aas bereits toter Tiere, jagen aber auch selbst. Wenn sie ihre Beute verschlingen, kreischen und kichern sie auf wahrlich schaurige Weise! Sorgfältig herausgearbeitet sind die Zähne, denn das Gebiß einer Hyäne ist gewaltig. Sie kann damit Knochen knacken, die nicht einmal ein Löwe kleinkriegen würde!
Die Hyänenmaske von den Bamana aus Westafrika (oben) ist ganz anders gestaltet. Hier sind die Ohren lang und spitz, das Maul ist geöffnet und angriffslustig nach vorn geschoben, zeigt aber keine Zähne. Dennoch wirkt die Maske unheimlich, wohl auch, weil sie so dunkel ist. Während die Maske mit den runden Ohren über den Kopf gestülpt wird, bindet man diese hier vor das Gesicht. Junge Männer eines Geheimbundes der Bamana tragen die Hyänenmasken zu einer bestimmten Aufführung: Die Jungen, die zuschauen, sollen dabei lernen, daß gute Menschen Rücksichtslosigkeit, Dummheit und Gier meiden.

19

Kann der Sägefisch wirklich sägen?

Vor der westafrikanischen Küste liegen die Bissagos-Inseln, deren Bewohner zu den besten Bootsbauern und Seefahrern der Welt gehören. In ihrem Leben spielen natürlich Tiere des Meeres eine besondere Rolle. Vor allem so gefährlich aussehende wie der Sägefisch oder Sägerochen, von dem manche Arten bis zu sechs Meter lang werden können! Das Dreieck scheint den ganzen Fisch darzustellen, bei genauer Betrachtung sieht man aber eigentlich nur den Kopf. Gut zu erkennen sind die kleinen Augen. Wer schon einmal in einem Unterwassertierfilm gesehen hat, wie Rochen scheinbar schwerelos durch das Wasser gleiten, der weiß, daß sich die Flossen des Fisches wie die Schwingen eines großen Vogels langsam auf und ab bewegen. Bei der Maske zeigen die umgeklappten Enden der Flossen eine solche Bewegung gerade an. Wie aber wird sie getragen? Sie hat ja keine Öffnungen, durch die der Maskentänzer schauen könnte. Man setzt sie waagerecht auf den Kopf wie einen Hut, die Säge zeigt dabei nach vorn. Damit die Maske beim Tanzen nicht herunterfällt, wird sie zusätzlich noch mit Schnüren am Kopf festgebunden. Bei dieser Maske wird das Gesicht des Tänzers ausnahmsweise nicht verdeckt. Auf der Suche nach kleinen Fischen und anderem Getier wühlt der Sägerochen mit seiner Säge im Meeresboden. Während des oft stundenlangen Maskenauftrittes ahmt der Tänzer diese Bewegungen nach, die abrupt und heftig sind. Dabei beugt er sich immer wieder mit dem Oberkörper nach vorn, damit die Zuschauer – so wie wir hier – den Sägefisch von oben sehen können.

Ganz schön mächtig

diese Büffelmaske. Eindrucksvoll läßt sie uns die gedrungene Gestalt des Tieres erahnen. Wer würde glauben, daß sich diese schwerfälligen Tiere am hellichten Tage geradezu unsichtbar machen können? Im Dickicht oder in Wasserlöchern versteckt sind sie da, können aber nicht gesehen werden. Es kommt häufig vor, daß ein Jäger glaubt, der Büffel befände sich vor ihm, während er in Wirklichkeit schon hinter seinem Rücken steht und den Jäger angreift! Büffel können rasend wütend werden, vor allem dann, wenn sie verwundet sind. Die Menschen fürchten sie. Bei den Tabwa und anderen Völkern im südlichen Zaire gilt der Büffel deswegen aber auch als Zeichen der Macht von Anführern einer Gemeinschaft.

Im Vergleich mit dem Foto kann man sehr gut erkennen, daß der Künstler die Maske so geschnitzt hat, daß sie einem **echten** Büffelkopf täuschend ähnlich sieht. Ausladend und zur Spitze hin gekrümmt sind die gefährlichen Hörner. Wenn diese Maske beim Tanzen angreift, dann müssen sich die Zuschauer vorsehen. Auch die wuscheligen kleinen Ohren wurden nicht vergessen. Das Maul ist leicht geöffnet, die Nasenlöcher stehen schräg darüber, Kaurischnecken sind als Augen eingelassen.

Foto: Marc Felix, 1973

dem, der von einem wütenden Büffel angegriffen wird

Was soll das denn sein?

Es ist fast so groß wie ein Schwein, hat dünne Beine und so lange Ohren wie ein Hase. Es hat einen kurzen Hals, einen buckeligen Rücken und eine lange Schnauze mit einer noch längeren Zunge. Um damit Termiten aufzusammeln, kann es – das Erdferkel nämlich – die Zunge bis zu 30 cm weit herausstrecken! Tagsüber bekommt man es kaum zu Gesicht, denn es jagt in der Nacht. Ein Erdferkel kann sich blitzschnell ganz in den Boden eingraben, wenn es verfolgt wird. Die Tabwa erzählen, daß ein Erdferkel, das vom Sonnenlicht überrascht wird, nur schnell den Kopf in den Boden steckt und sein Hinterteil in die Luft reckt. So könne es dann leicht von Jägern und Raubtieren erlegt werden. Aber das ist wohl Jägerlatein, denn so dumm sind Erdferkel bestimmt nicht. Die Tabwa jedenfalls können über das Erdferkel herzlich lachen.

Das Erdferkel gilt als entschlossen und gewissenhaft und wird in der Kunst vieler afrikanischer Völker häufig dargestellt. Bei dieser Maske sind die langen Ohren und die längliche Schnauze gut zu erkennen. An Löchern im hölzernen Teil der Maske sind Pflanzenfasern festgebunden, die zu einer Haube verknüpft wurden. (So wird es bei fast allen afrikanischen Masken gemacht, nur hängen bei den meisten die Schnüre oder Stoffstreifen einfach herunter, wie es ja schon auf einigen Fotos zu sehen war.) Der Maskentänzer zieht sich die Haube über den Kopf und kann vorn, direkt unter dem Maul des Erdferkels, nach draußen gucken. Obwohl die Maske nur schwarz und weiß bemalt ist, erzielt sie eine ganz große Wirkung. Entsprechend hell und dunkel hat der Künstler auch die Basthaube gestaltet.

Foto: Marc Felix

25

Links oder rechts, das ist hier die Frage!

Wußtet ihr, daß Elefanten links- oder rechtsstoßzähnig sein können? So wie auch Menschen als Links- oder Rechtshänder gelten. Und wie wir unsere Hände, so setzt auch der Elefant die Stoßzähne zu verschiedenen Zwecken ein: um nach Wasser, Salz oder Wurzeln zu graben, um Bäume oder Äste zu bewegen, als Waffen und als Schutz für den Rüssel. Die längsten je gemessenen Stoßzähne waren über 320 cm lang, und der schwerste wog über 100 Kilogramm! Aber noch viel wichtiger ist der Rüssel. Mit ihm kann der Elefant greifen, heben, riechen, tasten, Wasser aufsaugen oder Geräusche machen.

Bei den Bamileke in Kamerun gilt der Elefant aufgrund seiner Größe, Kraft und Intelligenz als Zeichen für königliche Macht, aber auch des Reichtums (wegen des kostbaren Elfenbeins). Elefantenmasken tanzen zu wichtigen Anlässen wie der Beerdigung von Königen und Königinnen oder bei Erntefesten. Der Tanz wird von den Prinzen des Königtums aufgeführt, die Mitglieder von mächtigen Geheimbünden sind.

Diese Elefantenmasken stammen beide aus dem Kameruner Grasland. Sie zeigen, wie unterschiedlich ein und dasselbe Tier von verschiedenen Künstlern dargestellt werden konnte. Das Holz der feinen, glatten Maske wurde mit Hilfe eines glühenden Eisens geschwärzt. Den ausgestreckten, im Vergleich zum Kopf viel zu langen Rüssel rahmen elegant geschwungene Stoßzähne. Der eine scheint etwas stärker abgenutzt zu sein ... Sehr zerzaust und durchlöchert sieht dagegen die Maske rechts aus: Vom linken Ohr ist ein großes Stück abgebrochen, und das Holz zeigt tiefe Rillen und Absplitterungen – Spuren der Verwitterung, denn sie ist mehr als 100 Jahre alt. Das ist für afrikanische Gegenstände aus Holz schon ein hohes Alter, denn Hitze, Feuchtigkeit und Termiten vernichten viele Sachen aus Holz leider schnell.

Die Masken und Fotos in diesem Buch

Umschlagvorderseite
Mbalamaske (wie Seite 15)

Titelseite Auftritt einer Antilopenmaske bei den Nunuma in Burkina Faso. Foto: Christopher D. Roy, 1985
Hintergrund: Verschiedene Maskentänzer der Bwa warten auf ihren Auftritt an einem Markttag in Boni, Burkina Faso. Foto: Christopher D. Roy, 1985

Seite 2 ff. Hintergrund: Leopard, Zeichnung von Helmut Diller

Seite 3 Hintergrund: Doppelköpfige Maske der Senufo (Elfenbeinküste), die in schlimmen Zeiten auftritt, um Hexen und böse Geister zu vertreiben.
Foto: Jean Paul Barbier

Seite 5 Epamaske
Yoruba, Nigeria
Bemaltes Holz, Höhe ca. 143 cm.
Dr. und Mrs. Bernard Wagner.
Foto: Eric Robertson, N.Y.

Seite 6 Junge Bauern bei einem Hackwettbewerb, angefeuert von einem Tyiwara-Maskenpaar. Das Foto wurde vor 1912 gemacht.

Seite 7 Antilopenmasken
Bamana, Mali
Holz, Kuh: Höhe 93 cm,
Bock: Höhe 79 cm
Museum Rietberg, Zürich.
Foto: Wettstein & Kauf

Seite 8 Leopardenmaske
Twa?, Zaire
Rindenbast, Farbe, Kapuze: Höhe 40 cm, Hemd: Länge 86 cm
Leopardenspur. Foto: Fritz Pölking

Seite 9 Leopardenmaske
Dogon, Mali
Bemaltes Holz, Höhe 30 cm
The Graham Collection

Seite 10 Hähne, Details aus zwei Fahnen

Seite 11 Hahnmaske
Mossi, Burkina Faso
Holz, Pflanzenfasern, Farbe,
Länge ca. 39,5 cm
Thomas G.B. Wheelock

Seite 12 links: Maskenzug anläßlich eines Erntefestes. Der Schlangenmaske folgen eine Affen- und eine Büffelmaske und noch viele andere Masken.
Foto: Christopher D. Roy, 1984
rechts: Eine Schlangenmaske erwartet ihren Auftritt an einem Markttag in Dossi, Burkina Faso. Foto: Christopher D. Roy, 1985

Seite 13 Kopf einer Schlangenmaske
Bwa, Burkina Faso
Bemaltes Holz, Gesamthöhe ca. 430 cm
Lucien Van de Velde, Antwerpen.
Foto: Herrebrugh

Seite 14 Hintergrund: Ein Maskentänzer der Yaka, umgeben von kleinen Jungen. Foto: Hans Himmelheber, 1938/39
Vordergrund: Stolz zeigt ein Tänzer seine schöne Maske (Yaka, Zaire).
Foto: Hans Himmelheber, 1938/39

Seite 15 Mbalamaske
Yaka, Zaire
Holz, Bast, Farbe, Höhe 55 cm
Museum Rietberg, Zürich.
Foto: Wettstein & Kauf

Märchenseite (Seite 16-17, von links oben im Uhrzeigersinn)
Schmetterlingsmaske
Bwa oder Gurunsi, Burkina Faso
Bemaltes Holz, Länge 190 cm
A. und R.M. Dufour.
Foto: Béatrice Hatala
Schimpansenmaske
Hemba, Zaire
Holz, Höhe ca. 22 cm
The University of Iowa Museum of Art, The Stanley Collection, X 1986.407
Büffelmaske
Mama, Nigeria
Holz, Höhe 43 cm
Sammlung W. und U. Horstmann, Zug.
Foto: The Huberte Goote Gallery, Zug, A. Ottiger
Eulenmaske
Bembe, Zaire
Bemaltes Holz, Höhe 36,5 cm
Sammlung W. und U. Horstmann, Zug.
Foto: The Huberte Goote Gallery, Zug, A. Ottiger
Büffelmaske
Bamileke oder Bamum, Kamerun
Holz, Baumwollstoff, Glasperlen,
Höhe 71 cm
Museum für Völkerkunde, SMPK, Berlin
Foto: bpk, Berlin, Hesmerg
Fischmaske
Ijo, Nigeria
Holz, Länge 113 cm
Foto: Rolf Miehler, München
Vogelmaske
Ijo, Nigeria
Holz, Höhe 70 cm
A. und R.M. Dufour.
Foto: Béatrice Hatala
Antilopenmaske
Bwa, Burkina Faso
Bemaltes Holz, Höhe 50 cm
Iba Ndiaye. Foto: Béatrice Hatala
Chamäleonmaske
Bwa, Burkina Faso
Bemaltes Holz, Länge ca. 50 cm
Thomas G.B. Wheelock
Krokodilmaske
Bwa oder Gurunsi, Burkina Faso
Bemaltes Holz, Länge 170 cm
A. Javal. Foto: Béatrice Hatala
Maske, die aus verschiedenen Tieren und einem Menschengesicht zusammengesetzt ist
Nalu, Guinea
Bemaltes Holz, Länge 159 cm
Museum Rietberg, Zürich.
Foto: Wettstein & Kauf
Elefantenmaske
Bamum, Kamerun
Holz, Baumwollstoff, Korbgeflecht, Glasperlen, Kaurischnecken, Höhe 102 cm
Jean-Paul Agoué. Foto: Béatrice Hatala
Vogelmaske
Mossi, Burkina Faso
Bemaltes Holz, Höhe 54 cm
A. und R.M. Dufour.
Foto: Béatrice Hatala

Märchen nach: Hans Himmelheber: "Aura Poku, Mythen, Tiergeschichten und Sagen, Sprichwörter, Fabeln und Rätsel der Baule, Elfenbeinküste", Eisenach 1951, S. 38-40

Seite 18 Hyänenmaske
Bamana, Mali
Holz, Höhe 43 cm
Sammlung W. und U. Horstmann, Zug.
Foto: The Huberte Goote Gallery, Zug, A. Ottiger
Hintergrund: Hyäne, Zeichnung von Helmut Diller

Seite 19 Hyänenmaske
Zaramo?, Tansania
Bemaltes Holz, Höhe 38 cm
Dr. Michael Berger

Seite 20/21 Sägefischmaske
Bidjogo, Bissagos-Inseln, Guinea Bissau
Bemaltes Holz, Länge 127 cm
Privatsammlung

Seite 22 Hintergrund: Büffelherde in Zaire. Foto: Christopher Davis-Roberts und Allen F. Roberts, 1976
Vordergrund: Auftritt einer Büffelmaske der Tabwa in Zaire.

Seite 23 Büffelmaske
Tabwa, Zaire
Holz, Kaurischnecken, Höhe 24 cm, Breite 63 cm
The Royal Museum for Central Africa Tervuren, Belgien

Seite 24 Erdferkel, Zeichnung von Helmut Diller

Seite 25 Erdferkelmaske
Chokwe, Angola, Sambia, Zaire
Holz, Pflanzenfasern, Farbe,
Länge ca. 26 cm

Seite 26 Hintergrund: Elefantenbulle.
Foto: Frans Lanting, Minden Pictures, 1990
Elefantenmaske
Westliches Grasland, Babanki-Stil, Kamerun
Holz, Länge 112,3 cm
Musée Barbier-Mueller, Genf.
Foto: Pierre-Alain Ferrazzini
Auftritt einer Elefantenmaske in Oku, Kameruner Grasland. Der Tänzer trägt die Maske horizontal auf dem Kopf. Damit sein Gesicht nicht zu sehen ist, hat er ein Baumwollnetz über den Kopf gezogen. Foto: Tamara Northern, 1976

Seite 27 Elefantenmaske
Bamileke, Kamerun
Holz, Länge 90 cm
Musée National des Arts d'Afrique et d'Océanie, Paris

Seite 28 Eine Löwenmaske fährt in einem Boot auf dem Wasser.
Chokwe/Luvale, Sambia.
Foto: Manuel Jordán, 1992

Umschlagrückseite Maske, die aus verschiedenen Tieren zusammengesetzt ist
Mambila, Nigeria
Bemaltes Holz, Länge 38 cm
William W. Brill